HAY UN CORAZÓN

Poemario I

Cristian Pérez Palacios

Derechos de autor © 2022 Cristian Pérez Palacios

Todos los derechos reservados

Los personajes y eventos que se presentan en este libro son ficticios. Cualquier similitud con personas reales, vivas o muertas, es una coincidencia y no algo intencionado por parte del autor.

Ninguna parte de este libro puede ser reproducida ni almacenada en un sistema de recuperación, ni transmitida de cualquier forma o por cualquier medio, electrónico, o de fotocopia, grabación o de cualquier otro modo, sin el permiso expreso del editor.

ISBN-13: 9798372619302

¿Quieres saber más?, contáctame: +52 7731177627

CONTENIDO

Página del título
Derechos de autor
Primer canto. La flores que en la luna cuidan el cielo y la tierra   2
Segundo canto. Al cielo, a la vida y a ti   19
Tercer canto. Las cartas que no sabes que existen   35
Cuarto canto. Sorpresas y adios   54
Anexo I: Habla México: un país y su poeta   68
Agradecimientos   72

CRISTIAN PÉREZ PALACIOS

Hay un corazón

Poemario

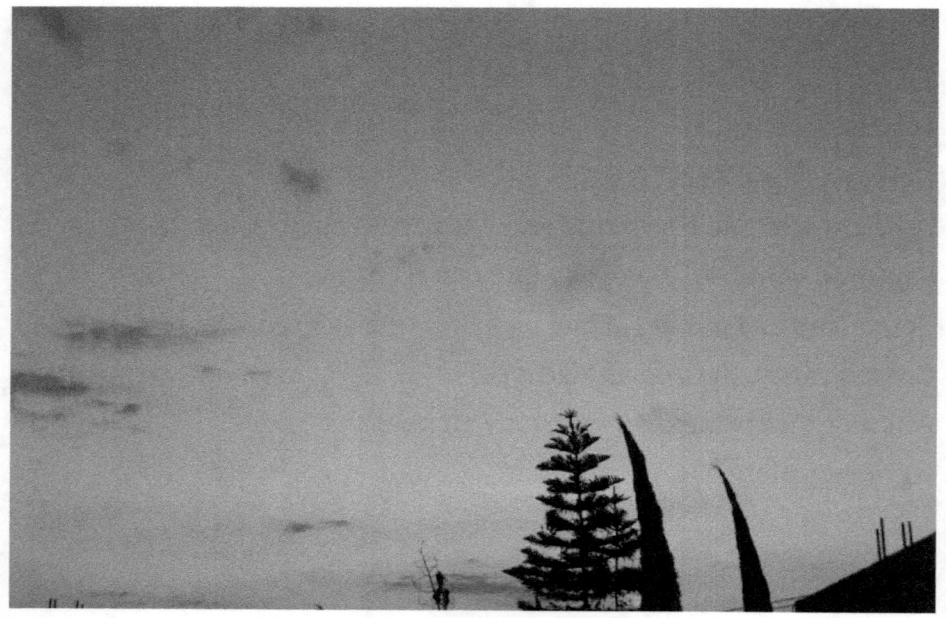

Cristian Pérez Palacios

PRIMER CANTO. LA FLORES QUE EN LA LUNA CUIDAN EL CIELO Y LA TIERRA

Breve introducción

Lo que se escribe con el corazón no precisa introducción o justificación, a razón de lo que la poesía requisita en esa ocasión, son versos a la pasión, recopilados en un pequeño poemario; estos versos son una historia vivida en donde un monstruo que a través de la palabra hiere constantemente a las personas. Amar es un sueño que deseamos vivir, amar es un reto que nos proponemos para sentirnos plenos, pero también es una venda que te hace caminar a ciegas, amar es un precipicio al que decides aventarte con gusto, amar es arrepentirte mientras caes, amar es sobrevivir a la caída; yo amé, pero lo hice equivocadamente porque sí, cuando se ama se hiere, cuando se hiere no se ama; suena incoherente no obstante este negocio lo es; quien decide amar a una persona lo hace aceptando los riesgos. Esta historia es una muestra de como las palabras ordenadas de la manera adecuada pueden transformar la vida de personas inocentes, aunque... para ser sincero en cualquier momento corremos el riesgo de encontrarnos con factores que alteren nuestra zona de confort, es un juego al que estamos destinados a perder, algunos pierden primero, otros siguen jugando. Querido lector, no creas en palabras ordenadas con rimas y estructuras bonitas, al final de cuentas son solo eso: palabras, palabras sin más. La vida adulta nos enseña que las acciones constantes son las mejores muestras de aprecio.

El amor es pasajero, no eterno como lo suelen mencionar o creer, el amor eterno solo existe mientras se vive esa pasión, mientras se guarde en la memoria, en un libro, en una foto o en un candado colgado en el barandal de un puente, después la mente olvida, el libro deja de ser leido, la foto se borra, el candado se oxida, se caé; consecuencias del fin de una era, algo que parecia eterno acaba dando paso a una nueva eternidad, solo nos queda disfrutarla ¿y por qué no?, sufrirla. Esto es el pasado, en el futuro les contaré mi presente que volverá a ser pasado.

Confío en que lo disfrutarán.

*Las flores que en la luna
cuidan el cielo y la tierra*

Flor de luna, inevitable en mi mirar,
negras perlas en tus cuencas a observar,
magnífico deleite he de alcanzar,
cada momento en que te veo caminar;

y ya que creciste allá en la luna,
oportuna esta audiencia que celebra
el placer de conocer tu alma diurna,
laureo, hermosa, sublime cabellera.

Ilusionado por ver tu sonrisa,
el tiempo apremia a aquel que va sin prisa,
buscará el momento con destreza.

Flor de luna, pastor del firmamento,
pequeños pies que a lo lejos presiento,
hoy, lo lamento, no es el momento.

Sublime colibrí

Porque cobarde nací
sin sentir que con las palabras herí,
cobarde he de morir,
a su tristeza no sé poner fin.

La mujer del porvenir,
de negro su vestir,
de cuello largo y grácil,
bellos ojos de abril.

La mujer que se ha postrado frente a mí,
por la tarde su corazón pude sentir,
mientras el mío aceleró su latir,
sus lágrimas comenzaron a fluir.

Cual si se fuera a despedir,
mi alma no quiere dejarla ir,
mi mente por ella va a combatir,
estrecha mi mano, sublime colibrí.

Abrázame que deseo dormir,
bésame, bésame, ahora y aquí,
porque si cobarde fui,
mis labios con los tuyos anhelo fundir.

Libres versos a la luna

Déjame alcanzarte en este reino,
al ver tu espejo sé que ha sido eterno,
eres tú la de amor sempiterno,
¿Serás mi cielo o mi infierno?
la duda no será impedimento,
al final el fuego nos quemará lento,
en la siguiente vida nuestro reencuentro.

Aunque libres son estos versos,
mi corazón los escribe propenso,
a terminar en la tierra, en pedazos,
ni tus brazos ni los trazos
que tu sonrisa dibuja en mis labios,
serán suficientes para salvarnos,
pues el destino ha vuelto a juntarnos.
Admirable ser de ojos negros,
quiero ver todos tus logros,
permíteme ser tu abrigo
permíteme recostarme en tu ombligo,
evítame ser un simple mendigo,
si un solo beso tuyo consigo,
mi ser entero estará contigo.
La vida es eterna como tu perfume,
sé que el tiempo todo lo consume
deseo observarte antes de que te abrume
mi corazón intenso que te presume,
sé que tus labios la vida resumen,
al final no quedaré impune,
pero, quiéreme antes de que me esfume.

El último día lejos de ti

Fui habitante de cualquier parte,
en Urano, Neptuno o Marte,
en la eterna Tierra errante,
en verano, en el calor abrasante,
o en el fugaz frío congelante.

Conocí estrellas en mi viaje,
descubrí montañas con coraje,
observé con decisión el paisaje,
pensé: "aquí de negro traje
vendría a buscarme mi amiga salvaje";

Aquella bella mujer que no pegunta
astuta si deseas irte, la puerta
abierta queda para llevarte muerta
de ilusiones o peticiones tontas,
es parte de la vida que disfrutas.

Pero alcé la vista y observé,
asombrado por la luna callé,
que ser tan brillante pensé,
en sus campos deseo pasearme, soñé
con sus dulces flores, colores, amé.

Busqué la hora diaria en que anochece,
para ver como la luz de este astro crece,
busqué ver como la dama florece,
con cada beso mi alma se estremece,
de miedo a tu lado la vida carece.

Luna, luna, amor distante;
sé que voy a alcanzarte.
cuando en tus brazos habite,
no pienso soltarte,
vida eterna palpitante.

Serenata de un bello cuento.

Hay una tormenta en este momento,
no es el viento, o el clima violento,
es este cuento, tu voz, tu pensamiento,
mis poemas, tus besos y este encuentro,
es tomar tu mano en cada paso lento.

Ahora respiro profundo y estas dentro,
inhalo tu aroma esparcido en el espacio,
he aprisionado tu esencia en lo profundo,
en mis pulmones, en mi sangre fluyes despacio,
la ciencia no sabe explicar que eres mi mundo.

La paciencia de esperarte tanto,
la destreza de apartar al resto,
la esperanza de verte cada día contento,
cuento las horas para arribar en tu puerto,
anclaré bastante tiempo, te lo advierto.

Por cierto, tus mejillas son mi monumento,
un altar o tal vez un divino templo,
son tus ojos los que admirado contemplo,
es tu risa mi manual de adiestramiento,
es tu piel, mi único mandamiento.

La paz que ahora respiro es tu acierto,
he descubierto flores en el desierto,
cubierto de gloria al existir en tu pensamiento,
en mi cuello puedo sentir tu aliento;
recibe en tu corazón a este devoto.

El amor no corre, mi amor

En la noche, ya observo aquel satélite,
mientras un aburrido comité discute,
si es tu deber marcharte o mejor quédarte
en un país distante a tu hogar, párate,
camina al este con este marchante,
espérate no corras aparte,
al fuego constante, ardiente,
pendientes de luna colgaste,
en ese grácil diamante,
respiraste, mi vida entera llenaste,
entérate, prepárate, alístate,
constante felicidad compartiste
con el ser del estante, no vine a adornarte
ni a saludarte, estoy para alegrarte,
usa mis llamas para saciarte.

Y aunque sé que todo es posible,
imposible marcharte así de simple,
el camino que te muestro es viable,
las vías del tren son estables,
la eléctricidad, fluye en nuestros cables,
la veracidad se muestra en estos canales,
ten, cuida estos totales,
tu amor y mi amor acabarán con estos males,
fatales, innombrables, injustificables
y por tales motivos inagotables
todo lo que cante y hable,
será para fortalecer estos engranes.

No insistas, que en esta lista de notas
el pianista ha compuesto su pista maestra,

no puedo, no sé seguir con esta pista,
que tu olor a dejado a la vista,
porque la persigo a cuestas
pero no cuenta, ya que mi mente alerta
te sigue latente a donde te encuentras,
atento a que toques la puerta,
entres puesto que está abierta,
en nuestra vida comienza la fiesta,
que envidia aquellos que observan sientan,
mientras en mi pecho tomas la siesta,
toma una muestra del placer que se oferta,
demuestra que no todo apesta,
ya que el destino te muestra a este poeta,
con copas de vino brindemos, ¡la cuenta!,
pagaremos mucho menos de lo que aparenta,
revisa la nota que se encuentra en tus manos,
cuenta con los dedos los besos que te he dado,
pagaras con ellos pues nada es prestado,
todo lo que ha salido de mi pecho te lo he regalado.

Sal, cruza la puerta sin miedo,
tira esa moneda al aire, en promedio
salga cruz o cara, caeré en tu medio,
apuesta por estas cartas, entiendo,
entiendo que cuesta perder el asedio,
atiendo a tus males conozco el remedio,
no es el cielo o este amor de hielo
o un conjuro que aprendí en mi pueblo,
olvida la estadística sabrás de lo que hablo,
tu física y tu físico doblegan a este diablo,
las matemáticas y su aritmética se ha comunicado,
han cálculado que en breve estarás a mi lado,
divino ser alado, adivino tu futuro y pasado,
no te resistas más a lo que el cielo ha comandado,
no insistas en correr lejos de mi costado,

HAY UN CORAZÓN

en mi pecho te has quedado y de hecho
es un hecho que ni el techo,
o lo mucho que te has alejado,
serán motivos para no seguir volando…
contigo de mi mano.

281 kilómetros

Te llamaré demencia y yo seré cordura,
porque, aunque yo esté loco y tu seas la cuerda,
te volví completamente loca,
con el ruido ensordecedor de mis cuerdas.

Te llamaré paisaje,
seré quien contemple tu geografía,
serás la noche y el día,
con mis letras seré quien tu sonrisa dibuje.

Te llamaré alcohol, te llamaré vino tinto,
te llamaré poesía que cante con el viento,
seré la eterna noche en movimiento,
serás un largo día sin sufrimiento.

Te llamaré cada 24 horas,
aunque el reloj avanza y llora,
quiero escuchar la voz que mi alma añora,
te llamaré, paciencia por ahora.

Te llamaré en el silencio,
en los días con lluvia estrepitosa,
en los momentos de vacío,
gritaré tu amor en verso o en prosa.

Te llamaré antes de tu partida,
te llamaré, vuelve vida,
aunque no estés, te llamaré sin medida,
¿escuchas tu nombre querida?

Prometo cuidarme. Gracias

Ahora solo doy vueltas, tú despiertas,
en una cama que no es la nuestra,
y he pensado en cada muestra,
cuando tú eras la maestra,
y entregaba a tiempo todas mis tareas.

Porque cuando pude en pedazos no me partí,
me arranqué los brazos y las piernas,
me doblé a manera de caber en tu maleta,
y viaje a tu lado sin pretexto o excusa.

El contexto de mi cuento es un amor que viaja a prisa,
que por pretexto no seguí a cuestas, cual brisa,
anexo como carta o como letra, en tus labios cual risa,
o como imprecisa ave fugitiva insumisa.

Pero soy la pereza, soy la esperanza de ganar,
estoy aqui y alla y no me atrevo a conestar,
si viajar a tu lado o resignarme a olvidar,
pero voy a estar bien, te toca continuar.

Hoy he venido a contarte de una bella flor,
le arranqué mil besos sabrosos con sabor,
a dulce miel, a limón, a perdón, a dolor,
como contador, calculé mal el impuesto
de este amor, naufragué, aterricé,
y corté, profundos miedo destrocé,
se marchó, me marché, ahora me ves,
ahora no me ves, estás donde perteneces.

Hoy estoy

Estoy cansado de esta suerte,
casado con la muerte,
cazando un día más fuerte,
contando los días desde que te fuiste.

Estoy queriendo abrazarte,
querida, un mes más sin verte,
quisimos prometernos un siempre,
quiero correr y besarte.

Estoy pensando en que te marchaste,
pasando por alto que yo lo acepté,
pesando los momentos que soñé,
pisando un suelo que antes rechacé.

Estoy olvidándome de la fé,
olvido que se, a verte volveré,
olivos en tu corazón planté,
oliva, el color con que te dibujé.

Estoy jurando todas las noches soñarte,
juzgando a mi ser por perderte,
jugando con el destino incoherente,
juntando valor para alcanzarte.

Afectos, defectos, efectos

Que gran sentido figuraste, amada,
en sentido figurado, fueras supernova,
o en sentido literal una almohada,
acoges mi viaje con el brillo de tu mirada,
pues estrella, pues regocijo soñaba,
el afecto es tu popular jugada.

¿Sabes cuál es tu defecto?
tienes un corazón selecto,
que aprecias mis argumentos,
que perfecto orden llevan tus actos,
primero me huyes, luego no acepto,
después me quieres y no te encuentro.

Conocí el significado del amor,
ese fue el efecto del atentado,
¿qué? ¿no puedo tocar tu costado?
en el pasado, tus labios he conquistado,
¿qué ha pasado? subimos de grado,
el 3er round será un k.o rotundo.

Penúltima nota

Necesito perderte en el bosque,
soltarte sin miedo a olvidarte,
es preciso que sepas me marcho,
el precio por amarte es este hecho.

Tal vez no leas esta nota pre final,
no salió un nuevo artículo en el jornal,
ha pasado tiempo sin vistas en tu revista,
mi visa ya no me permite hacerte otra visita.

Sí, te extraño como la tierra a la luna,
que cada noche se buscan una a una,
sin fallar a la cita programada, puntuales,
te extraño y no sabes de todos mis males.

Somos la atmósfera de esta esfera,
que no espera a la primavera,
que acoge la vida que aquí se crea,
no se toca, solo se siente, se venera.

¿Querrás leer esta sección de mi diario?
la sensación de los días en el calendario,
tristeza y alegría causaste en mis labios,
acuso a tus ojos, los recuerdo y me agobio.

Gracias por dejarme romper en llanto,
ahora sé que sí es para tanto,
pero mi amor, hoy me despido cantando,
porque cariño eres, siempre amando.

Conclusión

Finaliza el primer canto, en tanto canto,
parto hacia otra tierra con otro encanto,
pero no finaliza la historia, escribiendo
el destino está, como el que arranca la flor
para llevarla con él, adiós amor, adiós pudor,
o como el que se atreve a ser por humor
celoso a la vez se convierte en dictador.

Se concluye el trabajo de los primeros 12,
instantes somos, somos partícipes
de momentos y guerras constantes,
lo que el mes pasado quemaba, antes,
hoy solo es un recuerdo de viajes,
ni bellos ni malos, con mucho equipaje
la luna nos aguarda con bellas flores.

No eres inspiración para redactar,
no eres más que una carta sin firmar,
sin llorar, no eres prioridad, de errar
no tengo miedo, del ingenio eres parte,
estudiarte lo agradezco, de que parta
es el momento, aparte, estúpida arte,
te metió en un camino a muerte.

SEGUNDO CANTO. AL CIELO, A LA VIDA Y A TI

Introducción

Algunas veces la poesía no tiene sentido, no tiene métrica, incluso en ocaciones no rima, es más, no necesita ser escrita, en palabras de Honoré de Balsac: "soy un gran poeta, mis poemas no necesito escribirlos, son mis acciones, mis sentimientos", a partir del día en el que me enteré de esta frase por el libro papá Goriot, decidí sería mi modelo de vida; no voy muy bien, al menos puedo escribirlos; como mencioné antes, sin sentido, sin métrica, pero con muchas rimas. La poesía es un conjunto de oraciones que no necesitan ser verdaderas o falsas, pueden estar fuera del entendimiento del lector, incluso ageno al escritor, al igual que puede tener interpretaciones versátiles, sútiles o exageradas, porque aunque está llena de reglas, ninguna es obligatoria a la hora de hacer poesía. Este tipo de textos simbolizan un sentimiento, una pasión, una historia, aventura, travesía; un instante, algo eterno, un vacio profundo, ciencias exáctas, políticas, sociales, ignorancia, recelo; la poesía es un infinito de posibilidades y este infinito es el que deseo perseguir, soy poeta porque los límites los decido yo, porque a través de un poema puedo plasmar las sensaciones presentes, o lo que sentiré más adelanté, lo que sentí, lo que viví, para mi la poesía es un estilo de vida, una busqueda por el amor, amor propio, al prójimo, a lo material, a la vida, la poesía no es incorrecta ni se equivoca, pero hay de ti si la tomas enserio o la ignoras.

En tanto parto a otra tierra con otro encanto, es momento de cambiar de historia, cada poema es un arma filosa que engaña al enemigo, si es engañado lo atravieza, si se esquiva se vuelve arma inútil, las balas anteriores no fueron esquivadas, las que continuan sí. Poemas dedicados a la vida, ella me enseñó a sentir pasión por lo que hago.

Tulipanes a la orilla del río

El tiempo arruina y sana la vida,
su mirada, tormenta asesina,
el descanso de esta mente alarida,
la mujer que con los ojos calcina.

Encontré oro mientras me perdía,
tulipanes en la orilla del río
se mostraron cuando yo me hundía,
beldad que llena un corazón vacío.

Hyperion la grandeza de su alma,
su sonrisa como sublime espada,
son sus manos una cálida llama.

Palabras cual pétalos al viento,
inspiración a cada momento,
construyes poesía en cada gesto.

Diente de león

Flor que florece dos veces,
árbol de cerezo, creces,
bosque de bellos cipreses
de cárcel y encierro careces.

Para que veas las hojas verdes
sal y báñate de azul celeste,
para que veas de lo que te pierdes
procura no mirar hacia el oeste.

Bendije mis ojos con los tuyos,
seduje mi piel con tus brazos,
aclaré el cielo con tus labios
declaré guerra en tus astros.

Sal y encuentra tus retinas,
vecina de mi alma, resina
del bosque de Midas
observa que pierdes la vida.

Vas a ver lo que te pierdes,
aquellos campos de flores
serán tus justos jueces;
descubre lo que mereces.

Génesis

Ibas a ser mi salvación y terminé perdido,
salí a robar y me robaron,
morir una y otra vez es lo divino,
moriré tantas veces mi vida tenga permitido.

Quién vive sin morir no ha vivido,
porque naces para terminar en el olvido,
ibas a pensar en mí para que existiera,
iba a conocer lo mejor de esta era.

Salí a recorrer el mundo en tus ojos,
resulta que no era un mundo,
más bien un universo poseído
con estrellas llenas de embrujos.

Ahora es tarde porque sufrí lo más bello:
perderme en tus brazos y cabello,
solo ha sido el comienzo de este duelo,
vagaré sin rencor, ya tuve consuelo.

Raíces de 100 años

Hay amores que trascienden una vida entera,
que mueren y atraviesan el túnel de la muerte,
llegan al cielo buscando cualquier manera,
caen como semillas al suelo ferviente,
se entierran y crecen como enredadera,
en una misma tierra, se encuentran de frente,
y no es el amor o el cariño quién los llama,
es la ilusión de volver a conocer aquel demente.

Puesto que mi vida, eres de eso seres
qué jamás me miran, más bien me calcinan,
cierra ese par de estrellas marrones, ¿oyes?
estoy gritando de ira, ¡mis cuerdas deliran!,
aterriza, ¿por qué vuelas? no te alcanzo, lo sabes,
salto y salto, pero mis pies se fatigan,
solo mi ilusión se comporta como las aves.

Entonces pequeño delirio, ¡deja de huir!, te encontré;
te escondiste tantos años, te busqué a diario,
ahora cumples sueños, no seas ingrata, sublime palabra,
ahora, aunque desaparezcas sé que ahí estaré, pues,
aunque muera, te conocí en esta fatídica era, así qué
nos veremos pronto, dónde nuestras raíces se extiendan,
aunque tarde y llegue después de primavera,
siempre habrá un brote en espera, nada nos supera.

A pesar de los años

A pesar de los años, los kilómetros,
mi corazón corre al estar a unos metros,
de su presencia, su esencia, magnificencia.
El termómetro de la calma
se ha disparado en mi alma,
la distancia es ya solo un par de centímetros,
tiemblo porque la veo, sonrió porque sé
a ciencia cierta que en su huerta
aún están felices las flores que ahí sembré.

Un vago que no tiene lugar,
usted y su bello andar,
está bien, me perdí unos pasos,
usted siempre supo caminar,
mis sueños aún son escasos,
pero el cariño existe en mi mirar,
la observo pues solo he de admirar
la condición de sus progresos,
la acción y los hechos, no hay defectos.

El polen de aquella dulce sonrisa
envenenó con certeza
al corazón de la pereza,
en cuanto se presente el alba
para usted escribiré otra pieza
pues en mi cabeza, solo poesía,
solo destreza, usted y su conciencia
dominan todo lo que mi mente procesa.

Qué proeza, el valor de saludarte,
mi promesa es que voy a alcanzarte,
en la mesa muchas letras voy a dedicarte,
este mes ya hay un par esperándote,

octubre, que tiempo tan sofocante,
pues el frío, el río, me obligan a abrazarte,
confío en ti, en que vas a alejarte,
mejor rio y te observo desde aparte.

Enciende tu corazón

Enciende tu corazón preciosa,
ociosa la luna escondida en tus rosas,
incendio con versos tu aroma,
te quemas ansiosa, te de rumbas como Roma,
de rumba está noche mi diosa, bailaras airosa,
mis temas abundan en tu cabeza,
sin miedo, no temas de mi princesa,
ni vine a hurtas, ¿soñar que quemas? que pereza,
quémame ahora, yo soy tu presa.

Y ya preso empiezas a juntar mis partes,
no soy un rompecabezas, o un juego de mesa,
pero en piezas me encontraste, que sutileza
mi alteza, abraza mi pecho,
será el hogar de tus hechos,
el camino lo arman tus actos,
qué estrechos que son tus brazos,
tus pasos me guían, como armas tus manos
desarmas el peso que cargo.

Vuelve a posarte enfrente de mí,
tu arte disuelve los miedos así,
me dio gusto sentirte tan cercana al fin,
desenvuelves el placer por el que te conocí,
para ser sincero mi querida emperatriz,
eres un conjunto de todo lo que me hace feliz,
adjunto un beso para ti.

Parte de mí: Para ti

El café caliente de la mañana en la montaña,
qué hazaña, la luz del alba toca tus pestañas,
mariposas en mis entrañas, te vuelves una extraña,
apaña mi brillo, mis labios con los tuyos arañas.

Eres el acto que disfruto al levantar mi taza,
tu dulce fruto, el sentimiento que pacto en tu casa,
tu hogar son mis brazos, mis versos, el viento a tu lado pasa,
siento que trazo el sentido correcto, la duda es escasa.

Corro en camino recto, tus ojos que espero en mi cuento,
camino en un sendero selecto, opero tus dedos con mis huesos,
mis falanges en tus nudillos, es el lugar perfecto,
por objeto ten mis sistemas en tus venas, son obsoletos.

El efecto interminable de tus pecados

Si bien, esto de vivir se rige por causa y efecto,
solo somos un efecto constante de este evento interminable,
en efecto, un paso de otro que antes se ha dado,
¿pero qué fue primero? ¿la suerte o aquel que arrojó los dados?

Cada golpe te ha marchitado,
pero no sé si fue casualidad o lo has provocado,
cualquiera que sea el caso, siéntate a disfrutar tus pecados,
seas culpable, arrepentimiento o bandido.

Te has robado mil emociones y sentidos,
las sanciones de tu cometido son las estaciones,
el descenso del tren en el que te has refugiado,
vuelve al ascenso, eres aquel que ha sido condenado.

Desenvuelve el caramelo de tu duda,
es seguro pagarás tu deuda,
el arrepentimiento o la culpa no son la cura,
pues sufrirás igual que aquel por tus acciones obscuras.

Procura no saltar del barco antes de que se hunda,
el capitán de tu vida es tu alma diurna,
un capitán cae con su barco, no hay huida,
hoy eres el castigo, antes fuiste un druida.

Sumando encuentros

Volví a sentir tus manos,
año con año nos vemos,
en tus ojos pierdo el tiempo,
en tus ojos gano un momento.

En tus ojos nado, vago,
corro, me pierdo, un trago,
por favor porque estoy sobrio,
pero a tu lado me siento ebrio.

Hace frío, es la prudencia,
tu esencia me encanta,
pureza, paciencia me cantas,
aunque en tanto, tanto me espantas.

Y es que tu sonrisa coqueta
despierta al poeta, despierta
la brisa fresca deleita
un suspiro, una mañana perfecta.

Gracias pequeña alma hermosa,
goza tu vida maravillosa,
forza al tiempo con prosas,
quiero verte mil veces más.

Más tiempo, más vida, más llanto,
trofeos, pérdidas, más canto,
más te quiero, menos olvido,
alivio, eres el vuelo que pierdo.

Antes de dormir

Antes de dormir consumo un té,
relajante, relájate, duérmete,
cierro mis párpados, respiro,
vencido atrapado en mis suspiros.

Antes de dormir doy media vuelta,
abrazo tu cálida cintura completa,
mi rostro pegado a tu espalda,
tu respirar dócil a mi oído deleita.

Antes de dormir te beso querida,
tu cuello es mio, respiro en tu oreja,
me dejas lamer tu mejilla, brilla,
brillas ardiente en mi vida.

Antes de dormir estoy en la cima
cerca a tu cuerpo, desnudo a tu alma,
acaricio tu vientre en la cama,
paseas por mi rostro tus yemas.

Antes de dormir recorro con besos
cada parte, cada uno de tus poros,
desnuda me abrazas, besas mis ojos,
caemos presas de nuestros deseos.

Antes de dormir te miro de frente,
encima de ti, te acaricio suavemente,
en el clímax de nuestro amor ardiente,
siento en mi piel tus uñas y dientes.

Antes de dormir te vuelvo a probar,
el sabor de tu piel en mi paladar
dar y recibir placer sin dudar,
sudar en la cama para relajar.

HAY UN CORAZÓN

Antes de dormir te escucho cantar,
el olor de tu pecho es mi hogar,
mis manos no las puedo controlar,
en tu cuerpo anhelan siempre nadar.

Antes de dormir fundimos nuestro ser,
en uno solo, uno que al parecer
es un tornado que destruye el ayer,
solo importa el hoy, el ahora mujer.

Antes de dormir enredamos nuestros dedos,
en la otra mano tomo tus cabellos,
en tus sueños nos veo eternos, en los mios,
nos veo siempre durmiendo juntos.

Antes de dormir me abrazas con fuerza,
antes de dormir me despido princesa,
antes de dormir puedo ver tu sonrisa,
antes de dormir agradezco tu presencia.

Pez betta

¿Cuántos días serán está vez amor?
o meses, o años sería lo mejor,
para los dos, somos dos mi licor,
dulce poción de pasión de sopor.

Lo único bueno de todo esto
es todo esto, por ti no apuesto,
en cambio en mi puesto apesto
a muerto, tu libre yo en rejas puesto.

Suelto tu mano bendita, señorita,
señora de los ritos ocultos en mi libreta,
joven de dulce sonrisa en mi planeta,
madre de los hijos ficticios en plan beta.

Como pez betta colorido, llamativo,
como pez, en una pecera vivo,
era como un reo de tu libro,
era común, pero era, ya no vibro.

Vidrio en la alfombra descalzo caminaba,
alumbras el piso, más no la mente nublada,
es así amada, claro no depende de ti nada,
solo era yo el que mal pisaba, mal paseaba

Conclusión

Siempre habrá algo o alguien que te inspire a escribir, a pensar, a cantar, insluso a dejar de ser uno mismo; aprecio cada instante en el que puedo sonreir o gritar, porque nunca se repiten de la misma manera, hoy somos obreros construyendo nuestro camino, aprecia la obra porque al final vendrán nuevos senderos.

Aunque algunas cosas duelen, la mayoría dejan de hacerlo, no es el tiempo, es la experiencia la que nos sana, aun así, esos dolores son los más necesarios, los necesitamos en nuestra vida para aprender, para cambiar; bendito dolor que llegas disfrazado de felicidad, que entras a la vida de una persona tal cual lo hizo el caballo de troya, fingiendo amistad, pretendiendo rendición, al final terminas destrozando todo atrás de las murallas, con tus infinitos guerreros, con esas espadas filosas que llevas en tu interior, pero aunque me destroces, soy un imperio dispuesto a levantarme para volver a proliferar entre los demás, el hecho de que me destruyas me da la posibilidad de mejorar, de reconstruirme con nuevos conceptos, nueva visión, gracias por enseñarme el punto débil que cargo sobre mis hombros.

TERCER CANTO. LAS CARTAS QUE NO SABES QUE EXISTEN

Introducción

Este tercer capítulo cuenta la historia de el amor de mi vida, es gracioso porque encontramos al amor de nuestra vida en cualquier momento, a lo mejor unas cuantas veces durante el lapso que vivimos, no es nada del otro mundo, el amor de tu vida es el amor de tu vida mientras estás viviendo ese instante incierto, solo asegúrate que lo sea y no le des ese título a cualquier persona. Siguiendo con el tema principal; ella se merece el cielo, la vida, el amor, el éxito de todos sus actos, pues se ha quedado con el autor apoyándolo en todos los instantes, sacando a flote este barco. Me atrevo a mencionar que cada pensamiento dedicado a ella es verdadero amor, es pasión, es dolor, celos, madurez, idiotez, es... sufrimiento, es la definición del amor, porque, aunque me ha dolido bastante vivir cierta parte de la historia, también estoy gozando todo lo que ha pasado, lo que está pasando, con ella aprendí varias cosas, busco enseñarle lo poco que sé, también aprender de ella porque es mujer sabia, mujer fuerte, es perfecta para este corazón valiente y desubicado, mi carcel, mi libertad; mi deseo es dedicarle la vida que me sobra, tal vez tener un par de hijos, pero más que nada disfrutar de ella, sin olvidar lo más importante: que ella lo disfrute. Recuerda no ser egoista con quien amas, el presente gira alrededor de ti en cambio tú no, eres el presente de alguien más, así que tienes que girar al rededor de esa persona, sin olvidar que eres un cuerpo celeste individual, no des más vueltas de las necesarias.

Antes de continuar: La poesía también es música, las canciones, sus letras, son prosas llenas de sentimientos, de pensamientos mágicos; lo que tu alma pueda cantar abrirá el corazón para nuevas experiencias, canta en voz alta, que todos te escuchen, no importa si dicen que no sabes o te escuchas mal, no le des importancia a quien te vaya a escuchar, cantar es el desahogo perfecto sin valor monetario a tus sentimientos, prueba gritar tu coro favorito hacia la nada, ella nunca te reclamará del porque lo haces, es más, te pedirá otra pieza porque al mundo le gusta que cantes, que grites, además le gusta que lo cuides, tómalo enserio, el planeta quiere escucharte cantar y verte regar las flores que te da.

Para aquellos que piensen que el amor es solo sufrimiento, no es verdad, no es necesario sufrir, es necesario vivir, dentro de este concepto se encuentran albergados muchos sentimientos que son imposibles de evitar, que al final del día terminarán recorriendo nuestra piel, al igual, amar no es solo disfrutar, es por decirlo irónicamente, mitad y mitad, ni tan allá ni tan acá, el amor es un sentir propio, o también puede ser lo que quieres que sea, incluso si quieres que sea una rosquilla lo será, o un libro o... "encuentra lo que amas y deja que te mate" - Charles Bukowski; siempre y cuando sea algo que te haga sentir bien. A lado del amor van la felicidad y el sufrimiento, de la mano nunca se sueltan, así que prepárate porque el amor lo es todo, es en una sola palabra: **poesía**.

Girasoles en el cielo

Es de mañana, ya cantas con el sol,
intercambian miradas de ovación,
brillas incluso más que su propio rol,
ocupas todo el año de estación.

Flor que crece por todo el continente,
un girasol de esplendor permanente,
tallo a pétalo, belleza inminente,
tú me iluminas, oh, sol impaciente.

Aunque naciste pegada a la tierra,
por cielo estás volando primavera,
trasciende, gobierna conquista tu era.

Muévete, danza, luz de mi ceguera,
el viento es tu compañero de baile,
yo te veré bailar hasta que muera.

Definición

A mí no me importa lo que tu hables,
yo te amo y me gusta recordártelo,
aunque mi amor no inhales
te amo, aunque conmigo ya no usarás velo.

¿Cuál es el problema?
porque ya no tengo miedo a sentirlo,
porque es un amor desobligado,
un amor que no me incluye, no tiene tema,
un amor que no espera nada,
solo amor, contemplación, calidad extrema.

Te amo para siempre,
este amor nunca te lo voy a dar,
me lo quedo, porque a pesar
de que te amo, no te atrapé.

Mi amor nunca más te lo demostraré,
solo te amo, te diré, repetiré,
solo proclamaré amor, sin pedirte algo,
porque este es el verdadero amor,
creado por los más sabios magos,
el que no se toca, el que lastima,
el que hiere, el amor que derrite, anima.

No tengo que explicarte nada,
solo te amo, no lo tienes que aceptar,
no lo tienes que entender, puedes dudar,
ni siquiera tienes que disfrutar,
te amo y nada más, puedes refutar,
es un amor que no responde preguntas,
un amor que deja muchas dudas,
porque, aunque es sincero, es amor de judas.

No es empático, porque mi amor

no piensa en tus sentimientos ni acciones,
es como un poema de Baldor,
te amo a ti, a la mujer que eres,
pero mi razón odia a tus impulsos,
mientras mi corazón ama tus pulsos,
mi mente batalla con tus errores,
le gusta explicar cosas,
mentir en otras tantas.

Mi amor ama el simple hecho de ser tú,
no tienes que entenderlo aún,
no puedo dejar de amarte según,
tampoco yo lo entiendo en común,
no hay un propósito ni afecto o algún
teatro de un juntos por siempre,
no hay nada, sólo amor.
Aprendí a amarte mi bello sopor.

Instrumentos para un feliz viaje

¿Y qué si es cierto que el amor duele?,
mi temor nunca fue ese grato dolor,
ni quedarme solo, amo sin miedo al error,
aunque ciertamente los errores me desvelen,
¿que la felicidad pronto acaba?
pronto acabaré con mi tristeza,
si antes tus manos quemaban
tu fría piel ahora es turquesa.

Sublime amanecer inesperado,
pues aún el cenit lunar sagrado
prosperaba en mi alumbrado,
encendí las luces, seguiste a mi lado,
a pesar de aferrarte a mi mano
deseo que llegues a Marte o Urano,
llegó el momento de escapar, tu turno,
te esperan los anillos de Saturno.

Desde esta tierra te veré partir,
las estrellas son tu porvenir,
cuando el viaje llegue a su fin,
espero polvo estelar como souvenir,
no dudes del amor que creaste,
no llores porque te marchaste,
sonríe, tu camino recién encontraste,
en contraste, no grites, tu voz no desgastes,

No te culpes, no me maltrataste,
no odies, fuiste mi estandarte,
no pares, tu marcha ya iniciaste
y no tomes en cuenta a este participante.

¿Y qué si el amor duele?
busco dolor que me consuele,

ya que mi corazón inerte
se ha marchitado al no verte,
¿y que sí la felicidad pronto acaba?
así, por medio de esta pluma robada
bendije con letras tus pasos, mi amada,
el fin de esta etapa ardiente, dorada.

Lunes

Detrás de aquellas azules cortinas
te espero cálida, luz matutina;
hoy lunes, vienes a alegrar mi día
ansío el rayo que a mi piel calcina.

Aunque celosa a la frecuente vista,
preparo todo para tu visita,
este hogar y su huésped se alistan,
están listos para que te desvistas.

Cada siete días prometes llegar,
este cielo seguirá sin alumbrar,
pues aún no te presentas al lugar.

En este sitio frío voy a estar,
con la ilusión de apreciar tu mirar,
no importa cuánto, te voy a esperar.

Miedo

Que amor más débil es este
que se desbordó tan fácil,
que orgullo tan hostil
que nos ha puesto fin.
Que amor tan débil prometiste,
es el amor más cobarde del que he oído,
tú realmente no querías amarme
y aun así lo hiciste, cobarde.

Pero aún no es tarde,
vuela débil y frágil,
en la marcha encontrarás fuerza,
para amar de verdad al que venga.
Tonto corazón el tuyo,
tonto, se guarda cual capullo,
no florece, no se entrega por temor
se reserva, se cohíbe lo mejor.

Vaya que amor de tu vida,
entre roses me gritabas sin medida,
querida, aún no te daba por perdida,
pues no te perdiste, emprendiste huida.
Qué bueno que prometiste eternidad,
me mentiste, a dudar, ¿dónde estás?,
ni en cielo, ni en mar, ni en tierra
entierras mi alma nada más, tu hogar.

Nuestro primer poema de amor

¿Se pueden expresar los sentimientos?
un expreso en la mañana antes de trabajar,
o hablar sobre metas a las que vamos a llegar,
cada paso es avanzar un par más de centímetros.

Sin ritmo y sin miedo, estamos porque nos queremos,
he de decir que tus regaños a veces fastidian,
he dedicado a ti cuatro años hermosos,
el día que me faltes serán mis noches frías.

Porque a veces se dicen un te amo y se despiden,
otras, en cama una bella tarde abrazados residen,
calma que me guardo cada beso que mi alma recibe,
¿percibes mi amor lo que nuestra relación exhibe?

Exige un par de alas mi espalda fría, no te rías,
con besos floreces e iluminas las vías que nos guían,
que encaminan el vuelo hacía la infinita vía láctea,
tus labios proyectan en mis labios toda esta energía.

Conversación bajo las sábanas

Quiero ver tanto el futuro
que olvido mi presente,
¿quieres irte? te lo aseguro
cada día puedes tomar en mente
la decisión de marcharte o quedarte;

esto es una apuesta, te retiras
con todo lo ganado o perdido,
puedes quedarte un día más
arriesgando lo que ha sobrado,
es cuestión de tiempo, seguro te reirás.

Cuando haya acabado partirás
alegre mientras eso pase, también célebre
puedo enamorarte y puede que celebre,
sé libre, espero de mi amor no se libre,
en una cumbre se celebra también se sufre.

 - ¿Puedo irme ahora?, pregunta mi amada.
Claro que puedes hacerlo, cuando quieras
puedes retirarte invicta de la jugada,
nadie te va a juzgar, es un azar querida,
la habilidad y la estrategia mucho cuentan;

aunque basta un toque de suerte;
quiero estar contigo y te amo,
pero nada te asegura lo siguiente:
hoy conocerás al amor de tu vida
a lo mejor lo tienes a tu lado, amada
tú decides qué botón apretar fuerte.

 -Entonces enamórame más,
porque yo estoy dejando mucho por ti.

Es normal dejar cosas, personas,

hábitos atrás, salir de esa zona,
de no hacerlo serías agua estancada,
esta agua se pudre, sirve para.. no sé, nada,
en el río fluyendo es dónde mejor se nada.

Sin embargo, yo no lo llamaría "dejar"
es más bien un intercambio,
el mundo del dinero no los puede enseñar,
giramos inconscientemente en torno al cambio,
dame tus labios, los voy guardar, a besar.

"Se besan largamente tomados de la mano"
Cuando buscas una vida más saludable,
dejas de consumir lo que es de tu agrado,
el picante, la cerveza, la grasa no es noble,
la flojera, las revistas flojas sin aporte;

en fin, aquello que a tu forma de ver
las cosas te hace feliz, como la cena de ayer;
nada es gratis, pero tú le das el valor ¿lo ves?
tu forma de vida decide tus prioridades.
obtienes recompensas extras por darles
un valor más alto a las buenas decisiones.

Es valor agregado, importa porque es agrado,
vale más un mueble con caoba pintado,
que uno que aún tiene astillas sin decorado,
valen más para mi tus ojos abiertos que cerrados,
errado no estoy, me encanta estar a tu lado acostado.

"Se ven directo a los ojos, la dama se enoja"
- ¿Por qué me comparas con el dinero?
No sólo a ti, la vida entera es un juego
que estamos destinados a perder,
su principal factor son los negocios.

Estudiar es un buen negocio,
amar es un buen negocio,
viajar es un buen negocio,
ser feliz es un buen negocio,
siempre y cuando tú quieras negociarlo.

Hay transacciones que no se logran,
por ejemplo, la vida eterna; alegra
que en algunas ocasiones se próspera,
haces el negocio de tu vida entera:
elegir a quien amar por ahora.

 -Yo te elegí a ti, pero eres como un niño
porque eres muy odioso cariño,
te peleas con todos por capricho,
eres un chico apuesto, generas desdicho
a la gente que te quiere mucho.

Puede ser que yo sea un buen negocio,
depende del valor en el mercado,
la oferta, la demanda, la calidad, el precio;
aspectos que influyen en el producto marcado,
he dado en el blanco, se paga por lo comprado.

Para hacer una oferta digna del producto,
un intercambio equivalente es justo,
puedes comprar basura a lo bruto,
hacer oro con ella, eso es ser astuto,
eso es valor agregado, eso es injusto.

En cualquiera de los casos tener vocabulario,
una gran habilidad para negociar es necesario,
es prioritario hacerte de tus palabras propietario,
saber vender y comprar es saber negociar
con la vida ingrata que nos viene a retar.

 -Me aburren mucho tus platicas,

me voy a dormir ya.
Está bien, hasta mañana, te amo.
- Yo más mi vida.
"Cierran sus ojos, abrazados
se disponen a dormir, fatigados,
los días son de arduo trabajo,
hay sueños, hay metas, hoy estamos abajo,
mañana, con algo de buena fe y esfuerzo,
seguro complementaremos este verso"

Sermón de amor

Tienes sueños no muy marcados en tu cerebro,
planeas y planeas y nunca llegas a algo certero,
sin embargo, haces las cosas que todos quieren o eso creo,
cómo amar sin medida y malgastar el dinero.

Te estas esforzando al máximo por lo que contemplo,
aterriza esos sueños, comienza desde cero,
es decir, crea metas escalonadas que irás cumpliendo con esmero,
de esta manera llegarás a donde deseas, si quieres el cielo.

Sabes que nada llega de la nada, necesitas creer en ti primero,
antes de dar cualquier paso haz un algoritmo de acero,
no es una meta, son varias, el camino también da frutos maduros,
pero es más dulce cosechar un árbol que seguirá dando en el futuro.

Tu carácter fuerte y visión maximizada te llevarán al paso siguiente,
esta carrera nunca termina, en contraparte la muerte está al pendiente,
de llegar cuando ya es suficiente, o te perdiste mientras corriste,
pudiste ganar mucho, o nada, pero no te arrepientas si bien viviste.

Nunca te rendiste y es por esto que tu belleza persiste,
creciste tanto desde que nos conocimos hasta este bonito instante,
en qué puedo regañarte, besarte y abrazarte cuál arte eres mi amante,
estoy presente a tu lado dispuesto a darte lo que necesites.

Futuro padre

He visto a los niños botar sus balones,
sueños, emociones, fantasías, pasiones,
dueños del futuro, esclavos del presente,
procedentes del pasado, un muro en su frente,
es ese sueño de ser presidentes, independientes,
ser doctores o señores fuertes, los mejores oponentes.

¿Señor al pendiente, eres cómplice o delincuente?
en tus manos se encuentra el códice de su suerte,
los niños son niños hasta que tu mala fe inviertes,
en su crianza y su enseñanza. Eres parte,
parte del porvenir del mundo venidero al frente,
recapacita tus acciones antes de besar su frente.

La ilusión y el corazón ardiente latente de un infante,
es el fuego incesante que va a salvarte, a ti, viejo arrogante,
ese bombero durmiente dispuesto a atenderte,
¿serías capaz de sacrificarte para lograr ese sueño impaciente?
amarte ya es un derecho, rechazo tus males impudentes,
Dios bendiga ese poder en tus manos, en tu mente.

¿Qué estoy haciendo?

Ya sabemos que el tiempo y el viento son mágicos,
uno arrastra la vida y el otro se lleva aquel polvo mítico,
aquella materia que se desprende con el vibrar cíclico,
épicos movimientos del mundo exacto, empírico.

Quisiera ser esas nubes tranquilas y amenazantes,
que tupidas de aquel color negro aplastante
adornan el cielo, espejismo de los poemas terrestres,
quisiera ser esas nubes que tocan las montañas gigantes.

Pero soy el que descalzo aplasto la creación del universo,
soy el que hace los cambios con hechos perversos,
con versos seduzco a la vida, al amor inexactamente diverso,
converso con alguien, el iris colorido en el arco convexo.

Estoy declarando la pasión a la vida que tranquila me aviva,
porque trabajo, escribo y mi compañía está viva, en sus mejillas
rojas; con el corazón fuerte y no roto me ama y me guía,
estoy declarando mi amor a mis buenas noches, mis buenos días.

Hay un corazón

Así es querido lector, hay un corazón,
la razón de la bondad del mundo mudo,
hay un nudo en nuestros corazones, perdón,
hay un corazón en cada personaje de acción.

Gracias por prestar atención, por favor,
la precisión de estas líneas delata al ladrón,
hay un corazón en esas piedras sin pasión
esos humanos con piedras en el riñón.

Hay un corazón en los animalitos de ficción,
Hay una canción en el cielo, gracias querido Sol,
solo no olviden lectores que el ciego presta atención,
a nuestros actos de corrupción, dibújalos con aerosol.

Hay un corazón que le esperan experiencias,
paciencia lector, aún quedan muchas vivencias,
está por demás saber si a la vida vencías, decías,
hay un corazón en cada uno, es una profecía.

Continuará…(Conclusión)

Ha llegado la hora de cerrar este capítulo, pero no es el fin,
voy a seguir escribiendo las nuevas historias en afán,
de contar lo hasta aquí vivido y evitar que mañana nos estafen,
en la segunda parte sabremos si fui un simple bufón,
o, por otro lado, ser la terminación que no existe en español: fun.

Continuarán los versos al amor de mi vida, a mi fantasía,
estoy con ella y la envidia es a pesar mía, una idea, mi travesía,
esta odisea sigue su marcha, mancha este lienzo, puedes hacerlo, pienso
que nunca es el fin, más bien todos los días es el comienzo,
cada día, un nuevo principio para pintar nuestros pensamientos.

Continuará en la siguiente obra esta historia de vida
así como los pájaros continuarán volando, subiendo, o bajando,
así como continúan los ríos fluyendo, el Sol sonriendo,
continuarán las montañas explotando y la gente muriendo,
y si muero, el cambio geológico y biológico seguirán existiendo.

Los poemas seguirán escribiéndose, el tiempo no se ha pausado,
los amores seguirán desapareciendo, las estrellas cayendo,
no se puede poner fin a ningún elemento, el cambio es eterno,
el campo alterno, la muerte, genera más vida al momento,
y ya muerto, que sea abono para plantas, o de gusanos alimento.

El aliento, nueva vida, nuevo nacimiento, de la tierra el manto
envuelto en una manta, he vuelto a contar más cuentos, canto,
Lloro con el coro de la vida al frente, mienten, con maltrato,
Los que dicen que hay un fin, un contrato, de la vida un escrito
con el diablo; un día llegaré a terminar ese camino. Punto.

CUARTO CANTO. SORPRESAS Y ADIOS

La memoria al recordar es ingrata, no le gusta pasar desapercibida, te muestra momentos que asegurabas olvidados, sin embargo solo estaban guardados.

La vida, el amor, el tiempo, la depresión, se puede escribir sobre lo que sea, incluso ver una roca y hacerle un poema, porque más que ser un poeta, se es humano, el humano tiene sentimientos, de alguna forma tiene que expresarlos, hallé este sentimiento en mis acciones y mis letras, de escritor a lector te deseo una vida llena de emociones, que tengas modo de expresarlas, de lo contrario se atoran en la garganta, mueres reprimido o lo que es peor, vives reprimido; es una manera de torturarte mientras respiras. Ser débil no es un defecto ni pecado, ser débil es aceptar que necesitas un descanso, que ha llegado el momento de poner un límite a tu esfuerzo, ya que con el sobreesfuerzo puedes dañarte, no obstante, el límite debe de ser cada vez mayor; venimos a romper límites, si siempre nos rendimos con lo mismo, no aprendimos nada; es igual a vivir sin esperanza.

Lamentos

No me despedí amor mio cuando te fuiste,
al volver a casa quería pensar: te quedaste,
no me despedí cuando partí y te despertaste,
al volver a casa no estarías, no deseaba desesperarte.

Regresé a nuestro hogar y ya no estabas,
esperé la llamada que a tu destino me guiaba,
en cama, sin navegante o timonel navegaba,
no hubo palabra adecuada, de mis labios me vengaba.

Cerré los ojos un momento, en la tarde te vería,
soñé con tu alegría, con tu corazón que se quedaría,
compartiría los momentos hermosos, se que querrías,
abrí los ojos, la siguiente para siempre se cerrarían.

Serví la cena, vino, carne azada, pan con mermelada,
solo fue un plato, el segundo en una maleta se paseaba,
calenté mis manos con el fuego, probé la ensalada,
calenté mis manos, por que en tu pecho ya no me dejabas.

Bajo la sábanas una vez más lloraba, me revolcaba,
colocaba nuestra fotos en una carpeta "privada",
prohibida era el nombre correcto, o tal vez, suspendida,
a pesar de todo al día siguiente tendría tu llamada.

Es que siempre lo haces, me dejas y me llamas,
no es capricho, eres humana, sobre todo amas,
flamas vivas devoran tu conciencia, mis palabras,
no estás condenada, simplemente amas, pierdes y ganas.

Buen viaje otra vez, así sean diez más, te esperaré,
porque en tus ojos coloqué los míos, tu futuro observé,
eres mi destino y voluntad, hago lo que quiero y soñé,
soy tu cordero, mi sangre es tu tempestad, ámame.

Bondad

¿Por qué no intentas ser hierba mala?
porque es sabido que siendo malo salen alas,
nunca mueres, inmortal eres, ni con palas,
o picos te extinguen, lo hace tu alma sola.

¿Por qué no intentas ser el malo del cuento?
los buenos mueren primero, en modo violento,
en modo siniestro, ponte tus botas y votos,
toma el arma, ignora los corazones rotos.

Me he despedido del viento, en el puerto
viajo contento, he defendido mi puesto,
soy un guerrero violento, rifle opulento,
apunto al cráneo, bueno, no salgo vivo de esto.

Así viaje por el mundo y entienda la bondad,
verdad es que hay un solo ser con piedad
y diez más con lo pies en tu tes, tempestad,
majestad quiero ser para ser superioridad.

Intento ser hierba mala, ya fui tulipanes y geranios,
intento estar a un costado del diablo, no de esos genios,
con ingenio me dieron a tomar algo primigenio,
la garganta en principio se me quemó con ese iridio.

Irradio acciones que son benéficas, patético,
cuando la pasión no es maléfica, se respira pacífico,
significo al prójimo como ser único, no diabólico,
solo el de las espinas en su corona dice que eres impúdico.

Placer

Sin prisa, conduzco mi aeronave sin visa,
sin vida quiero llegar a donde la luz no avisa,
la razón, en el cuarto donde dormías me desliza
hacia la entrada de un túnel lleno de gente sumisa.

El amor aunque enajenado me adelanta, me atiza,
sin prisa a hacer las cosas bien, también soy ceniza,
opaco todo en el avión que se aprisa por la brisa,
aún así llego a Guiza, escalo la senda resbaladiza.

Viajo con la mente pero tu lo haces hasta con póliza,
localiza el desierto donde el agua sagrada se vaporiza,
dormiremos abrazados, nuestra pasión se actualiza,
profundiza en el oasis, así el descanso se optimiza.

Monumento eres pero igual pintura, Monalisa,
momentos que comparto con tu cara rojiza,
con tu cuello que se paraliza, con el aliento totaliza
un solo ser, un solo placer que con tu voz se poliniza.

Destino

La que con arte ataca y mirada fría,
no está vacía, con arte defiendo, poesía,
ecos en el espacio, simple caricia,
Sí, "please", escuché como tu corazón latía,
cómo mordía a la vida, vida que se batía
contra el destino cual bestia, de gala se vestía.

Otra vez poesía, otra vez dulce melodía,
dulces sueños, ¿ves algo raro en mi fisonomía?
es pequeña ante tu firme, llamativa presencia,
demencia por el pasado, a tu lado insistencia
clemencia por favor, bendiciones en tu hermoso día,
precedían tristezas, procede meramente alegría.

Recorría caminos espinos pero buenos; malos sueños
destruían tu imagen sabia, pues sabía empezaría,
y ya empezando acabaría, es el orden natural, mi vía
acaba, se convierte en otro camino, olvido y eso alivia,
cambio mi vida, el fresco bosque suspira, respira, me cambia,
paz, el eco de las montañas corta mi saliva, corta al día.

Observar

Veo alegre tu sonrisa que se plasma mostrando tu alma,
calma en tus ojos, tu tez blanca, pálida, cálida llama,
a mi vista, a las llamas en la salida, saluda a mis flamas,
son letras que mis yemas transcriben de una mente que ama.

He visto, me miras curiosa, he visto el color de tus perlas,
resisto mis palabras por pronunciar incoherencias,
pues en mi consciencia observando estás, en la paciencia,
habitas, resitas melódicas risas con tu dulce vocecita.

Me presento, no me conoces pero quiero que lo hagas,
soy un poeta apasionado, hasta en el viento escribo vagas
palabras, con mis acciones, mis plumas son dagas,
el papel la víctima que en cada ocasión mi inspiración paga.

¿Tú cómo te llamas? ¿eres mujer libre o casada?
¿libremente cazada o libremente casada?...¿o apasionada?,
¿cuál es tu canción favorita para pasar la velada?
¿te dan miedo los perritos de la calle? ¿eres callada?

Bueno, son muchas preguntas a la vez, disculpa,
ni con lupa se investiga a la mujer que tenaz ocupa
el pensamiento fugaz y mordaz, caí en tu trampa,
me atrapa observar tu cuello bello bueno vuelo, mi culpa.

Valiente

Me has enriquecido la vista, enternecido la vida,
tus pasos de baile rápidos, mujer extrovertida,
mujer por demás divertida, yo no bailo querida,
pero es de mi agrado observarte, suerte tan cálida.

Tonto pensé que te quería a mi lado mucho tiempo,
pero el mismo, tú valentía y la cobardía de mi cuerpo
me hacen encontrarme, ver mi verdadero ser, me culpo,
eres más ambiciosa que yo, asustado estoy, me escapo.

Conocía los riesgos, acepté débil, subestimandote,
estimandote te opaqué, pero despertó tu luz adornante,
soy un farsante sin sueños, tu haciendo los sueños presentes,
aunque me presenté como siempre, hay aún más en tu mente.

Hay aún más durmiendo en tu corazón que se agobia,
adicta a la riqueza, de la pobreza posees gran fobia,
todavía pensaste en mí, de tu mano caminar quería,
quería pero mis alas cortas serían, se iría mi valentía.

Se reiria justamente el presente al ver que nada he conseguido,
a ti, amor mio, el futuro dice que algo mejor te está esperando,
soy yo el afortunado, mi fortuna eres tú, no yo de tu lado,
te darás cuenta, o ya has despertado, estoy agradecido.

Te sonreiré siempre pues soy tu bandido, suerte estrella,
estrella del norte pues fuiste mi camino, eres tan bella,
me da coraje soltarte de la mano, es lo que hace un canalla,
calla ya, si te escucho me enamoro más, y más y más, y ya.

Dias; hermosa, juro que el amor que te entrego es verdadero,
pero te he cortado con esmero tus alas, no lo prefiero,
tú brillas más por ti sola que conmigo, tu compañero,
insisto no me necesitas, no insistas, soy perecedero.

Tú heredero podrá ser con alguien que valga la pena,
porque ni yo mismo me siento bien bajo la sábana,
mi destino es la miseria, el tuyo ser mejor persona,
acepta el porvenir, acepta, la victoria es tu condena.

Ayer

Del llanto se riega la tierra no importa quien llore,
oré porque tu camino fuera una construcción libre,
en el libro del poeta, cual tigre acorralando la liebre,
o soy fiebre, pero te observo fría, triunfante, alegre.

Un par de versos te dedico y apareces en el primero,
fuiste un desvelo, fuiste aguacero, fuiste titiritero,
mi infancia la adornaste con recuerdos, hasta enero,
¿En qué año te fuiste? no lo recuerdo para ser sincero.

Aún así te recuerdo bella, preciosa, blanca armoniosa,
de la mano por la escuela, de la mano a tu casa,
perdón si valor no tuve nunca para un beso, fracasa
el poeta en sus versos, el miedo sigue en esta carcasa.

El día 28 de diciembre un mensaje me escribiste, dijiste:
no vuelvo más, mis padres partirán lejos ¿entendiste?,
entendí pero el villano no acepta la derrota presente,
aún así lloré como nunca, me di cuenta de la suerte.

Después de ¿cuántos años? muchos... no nos vemos,
pero sigo pendiente, no nos vamos, diferente amamos,
esposo e hijos, esposa y... un par de peluches bellos,
gusto por ti para que seas eternamente feliz con ellos.

Fuiste el primer, premier amor y estuvo bueno, o no tanto,
hay encantos que son eso, no vicios opulentos, fragmentos
en mi memoria cargo vagos, te escribo como un tonto
antes de olvidarlos, amante de las letras y un bruto.

Eres aún vital pues construiste un sentimiento suculento,
fue un gran cuento, ni siquiera se si para ti aún habito,
es mi hábito, ser hipócrita y corriente, me presento,
esto soy yo ahora, mucho gusto señora, estoy atento.

Luto

No estoy de luto, no lo estoy, lo siento,
porque muerto queda vacío un asiento,
asiento fríamente, es inevitable esto,
vives, mueres, vives mueres, lo detesto.

Es habitable mi corazón que ves hueco,
para los vivos expirar es el alivio único,
mientras caminan, más se vuelve seco
el espíritu que antes producía algo de eco.

La solución a los problemas es perecer
al parecer descansa aquello que llaman ser,
o no ser, pero dormir produce placer,
no le llores, respeta tal cual lo viste ayer.

Mictlán es un hermoso lugar, hay que asumir,
sucumbir es el camino corto, el largo huir,
vivió naturalmente, la muerte no es abatir,
antes de partir, sonríe, ya no volverá a batir.

Parece ser cruel pero es la gran realidad,
en verdad no hay más que tranquilidad,
alégrate y disfruta la vida que nos queda,
el dolor nos espera, el dolor se hereda.

Disculpa

Al atender mi llamada no esperaba algo diferente,
el presente es este que vivimos, mala suerte,
tengo que ser el malo que su destino interprete,
bella flor, bella dama que florece hasta en marte.

No te estoy corriendo de mi vida, te amo,
no estoy negando mi frívola, sucia mano,
pensarás: estamos caminando un mal tramo;
pero no hay camino facíl, no todo es llano.

Llamo, llamo, ¿para qué?, tu sonrisa expiré,
estiré mis pies para poder abrazarte, erré,
estás acostumbrada a que pronto me iré,
me enseñaste bien, aún así por ti rezaré.

Rezaré por mi también, por nosotros,
no por otros, o por caminos cortos,
rezaré por este día, por estos costos
que pagamos, ya pagamos, disfrutemos.

Si aún queda tiempo sí quiero abrazarte,
que no es el mismo cariño lo pensaste,
erraste mi amor es eterno, eres parte,
ganarte o perderte no tiene caso, sí cazarte.

O casarte, no importa el modo, todo
llega a su momento, el nuestro dado
ni ha comenzado, a pesar de lo batallado
he tallado el futuro con roble dorado.

Amor confuso, vida, perdón por maltratarte,
me arrepiento pero sin mi eres más arte,
sentí que en el tiempo juntos te apagaste,
te apegaste a mi lado, perdón por soltarte.

Sínismo

Te voy a esperar cariño ya lo sabes,
en tu sublime voz cargas las llaves,
¿pruebas de mi paciencia quieres?
atrévete a venir una década después.

No obstante no tardes tanto, ven pronto,
bastante tengo con aguantar en este cuarto,
convivir conmigo es obvio que lo detesto,
aún así lo necesito para estar despierto.

No me gustan ciertas acciones tuyas,
pero ¿qué se le va a hacer?, aunque huyas
conozco tu corazón, conozco tus huellas,
al chocar nuestros cuerpos veremos estrellas.

Solo te lo tomás a juego ¿o fueron verdad
esas palabras de despedida sin piedad?,
me gané eso, sé que no necesitas bondad
para referirte a mi, llamame pura maldad.

Amor perdón, no tienes que sufrir más,
menos por mi, menos por ciertas almas,
tan perdidas como yo, pero ya no corras,
seré directo, voy por esas mejillas preciosas.

Acuerdos

Siempre que te vas lo haces en diciembre,
entre el fin del otoño y el invierno pobre,
color cobre la mañana, el frío al timbre, cobré
tus últimas caricias para no morir de hambre,
costumbre cruel de irte y dejarme lúgubre.

Mejor vete en el sol del verano o primavera,
o mejor quédate todo un año por vez primera,
entera tu sonrisa que me alivia ángel de la guerra,
en tu pecera deseo nadar cual pez cualquiera,
espera, el agua huele a veneno de voraz cobra.

No importa más, aún así ya conozco el riesgo
prosigo nadando, en tus aguas mi alma riego,
tu ego me encanta, me espanta verte luego,
porque piensas que juego, pero no, yo juzgo
a la justicia, hurgo en donde hubo frío fuego.

Hasta luego, hiberna amor de día soleado,
amor de noches cálidas, de corazón cándido,
de razón sólida, amor sin salida, sin sonido
pues la muerte acecha despacio, me despido,
por si al salir el sol termino postrado o destruido,

Destituido del puesto, es gracioso más esto,
preguntar dónde estás en este momento
que preguntar cómo estás mi vida, mi aliento,
intento entender los nuestro, pero lo lamento,
solo lo intento y no tanto, bien estás en tu puerto.

Mi suspiro

Me encantas, me espantas, deleitas,
atacas mis penas, llenas mis venas,
cenas a mi lado, de amor me llenas,
sanas mis manos, con el futuro sueñas.

Suena a verdad en la mesa,
esa experiencia a tu lado no pesa,
no pasa el tiempo, se vive, se reza,
¿serán esos labios color cereza;

o esa cabeza en tus hombros mi alteza?,
o será que soy tu presa, mi diosa,
tu voz me destroza la duda caprichosa,
goza el aliento del momento sin prosas.

Sin voz, ni pensamientos, solo me besas,
esas sensaciones en mi vista que dejas,
parejas están las estaciones, te alejas,
reflejas el viento, cálida me abrazas.

ANEXO I: HABLA MÉXICO: UN PAÍS Y SU POETA

—*Me presento, estate atento, soy una nación en crecimiento, en cemento*
y tierra fértil he puesto muchas semillas con las que estoy contento:
mi gloria, mi patria, mi gente, un largo cuento de historia, que es cierto,
con textos, en libros está narrado este contexto, desde mi nacimiento.

Hasta este momento, ha habido mucho sufrimiento, descontento, sorpresas,
son presas los extranjeros que atacan mis fronteras, mi fuerza es la de una presa
sin agujeros, mi fuerza es la de una pesa, sólida, sin rodeos, una patria concisa
aquí descansa mi gente asombrosa y si la provocas, resultará ser tenebrosa.

Hola México hermoso ¿cómo estás?, saludo al del tricolor con gran poderío,
gracioso el día soleado, bendecido pues abrazo tus playas y balnearios,
en los ríos fríos me sumerjo, rayas con azul del mar los meses en el calendario,
tus peces, las mantarrayas y ballenas, ¡qué pena!, tus aguas no son un acuario.

—*Cuando otoño café y gris llegas a mis hermosas tierras, aterras
pues atraes a la muerte, toca la puerta, suerte que mi gente no herra,
disfruta celebrando fuertemente con tequila exquisito, ofrendas,
ofreces pan de muerto delicioso, de los difuntos algunas prendas.*

Hermano mexicano te reprendo, deseo aprendas a amar a tu país
a armar a tu país con educación blindada, con ambición. La matiz
de un blanco grandioso en la sublime bandera amada es la raíz
de la paz, pues hermanos somos, cada uno: desde los pies a la nariz.

—*Aunque rojo representa sangre, rojo es la poción a la memoria
que con pasión se presenta a defender, pues me moría aquel día
al depender de las armas, por proteger tan asombrosa patria,
es un rojo inevitable, vivo hoy porque ayer tu cultura defendía.*

*Dependía de la citable nación que dominaba en "su colonia"
hasta que independencia hubo, hasta que finalizó su tiranía,
con el verde de los árboles tu pronta liberación representarías,
¿qué harías con la victoria?* —*Un futuro próspero, una alegoría.*

Alegres días, alegres noches en las fiestas decembrinas, — ¿imaginas
las imágenes de la familia reunida, rompiendo piñatas?; caminas,
en la esquina va la procesión, la pasión de la posada, las campanas,
acompañas a tomar posesión en misa, en la cena las sonrisas mexicanas.

—*Las canas de mis ancianos, las camas de los enfermos.* Somos solidarios,
apoyo sólido así en todos los años para proteger a tus valientes ciudadanos,
cuidanos, guíanos águila bendita que localizó la tierra sagrada hace años,
somos hijos de la historia, somos paisanos, también madres, hermanos.

Si en mi viaje me descuido y llego allá con el vecino, nunca te olvido,

también allá hay bondad entre peregrinos, la cultura dice: —*yo los cuido*,
pues a donde vayas aunque crudo el paisaje, sí se puede, sí se pudo,
raya en mi pecho tu escudo, no presumo, somos los mejores del mundo.

Cuando huelo tus comidas, ¡que envidia¡ tus coloridos chiles en nogada,
enojada la granada que desgranas ya que tarda toda una temporada,
si hablo del mole rosa o colorado, los pambazos, de pata las tostadas...
—*Un abrazo a ti mujer mexicana, con sazón impulsas a la nación dorada.*

—*Pero no sólo eso mi bella dama, la razón es tu fuerte, por eso luchas,*
muchas como tú hay que se avalanchan a tomar la antorcha que derrocha
el fuego y el coraje, que se aviva en la desdicha de aquella muchacha,
"ya sufriste mucho" *le dicen con desdicha, estrecha su mano y esa hacha ,*
en marcha porque nadie va a defendernos, somos igualdad, menos brecha.

Aún así te presentas hermosa ante cualquier escenario, no puedo ser soldado,
sin ti a mi lado quedo paralizado, en tu mano y tu risa está mi corazón soldado,
mujer eres juez y jurado de mis acciones, bendiciones, eres mi sol y mi dado:
mi sol iluminas mi tez, mí dado, mi suerte en tus manos, gracias solo he dado.

Ahora hablemos de la agricultura, —¡*qué locura!* Abrumas con la variedad;
no solo cosechas alimento y aliento para tus hijas e hijos que con piedad,

les das de tu propia tierra para sembrar el futuro, para cuidar tu propiedad,
tus dulces campos de maíz al verlos brotar, verlos crecer curan mi ansiedad.

—¿*Has visto mis plazas y zócalos municipales?* Tienes un gran defecto y virtud:
la multitud crea su propio ataúd, notas musicales de luto con este laúd,
lo que se ha construido por años con plenitud, destruyes con pésima actitud,
—*cuida mi infraestructura ilustrada juventud, no necesitas una solicitud.*

La suciedad de las calles, es la ebriedad de la sociedad mal educada por la televisión, enajenada y callada, propicia la vida procrastinada, casi nada dice, sin embargo mal criada está por unas cuantas canalladas,
no es cuento de hadas, eras magia, eres una nación casi destrozada.

Pero alégrate, aun hay oportunidad para salvar a este país hermoso, glorioso, además bondadoso, en tus manos está el cambio deseoso, esta es nuestra casa, y en la casa se cuida, se procura ser amoroso seamos ejemplo en este plano de ser personajes, seres maravillosos.

AGRADECIMIENTOS

Gracias a mi madre, no hay palabras que racalquen el amor que siento por ella. Agradezco estar vivo para poder entregar este pequeño libro, sea bueno o malo no importa. Gracias por brindarme un hogar, ser un ejemplo de vida, por ser incondicional y querer lo mejor para mi, sé que me amas, yo te amo, pronto estaremos celebrando nuestros triunfos.

Así mismo, a la mujer que aún creé en mi, que apesar de todo ha estado conmigo en las malas, en las buenas, que no se rinde y que se atreve a llamamrme familia, aunque te he fallado tú eres parte de mi, quiero poder ser parte de ti mucho tiempo más.

Cabe mencionar que gracias a mi padre adoptivo encontré el camino a la pasión por las letras, él es una persona muy letrada, muy culta, para él solo admiracion puedo ofrecer: me enseñaste mucho, me pusiste en el camino, mis actos no son perfectos o exáctos, sin embargo quiero seguir por este rumbo; fuiste una pieza clave, te admiro hasta el último día, gracias señor por darme las armas adecuadas para defenderme, aún me falta mucho pero prometo nunca rendirme, eres mi padre, mi inspiración, gracias a ti puedo decir que crecí en un verdadero hogar, gracias por darme tu cariño sin ser tu responsabilidad, prometo seguir creciendo.

Agradezco la paciencia del lector por este tiempo, gracias por dejarme entrar a tu vida.

En general a mi familia y amigos, a mis hermanas las cuales aprecio mucho, hemos pasado momentos dificiles, momentos alegres, ahora somos adultos, nos toca esforzarnos por nuestra porpia cuenta para conseguir nuestras propias metas sin embargo, nunca dejaremos de estar unidos.

    Gracias por leer y aportar a la cultura literaria de un país. El futuro no tarda, es hora de cambiar de proyecto, ve, toma otro libro, disfruta tus momentos en el parque o con una taza de café en la mañana, o no importa, pero disfruta de la manera que quieras. Eternamente agradecido con la vida y contigo.

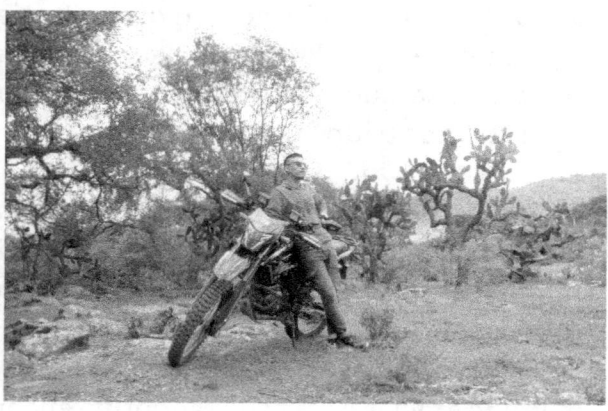

www.ingramcontent.com/pod-product-compliance
Lightning Source LLC
Chambersburg PA
CBHW050254220526
45465CB00002B/683